Zornitsa Mitkova
Manoela Manova

Mercado de medicamentos genéricos - desenvolvimento e medidas de apoio

Zornitsa Mitkova
Manoela Manova

Mercado de medicamentos genéricos - desenvolvimento e medidas de apoio

ScienciaScripts

Imprint

Any brand names and product names mentioned in this book are subject to trademark, brand or patent protection and are trademarks or registered trademarks of their respective holders. The use of brand names, product names, common names, trade names, product descriptions etc. even without a particular marking in this work is in no way to be construed to mean that such names may be regarded as unrestricted in respect of trademark and brand protection legislation and could thus be used by anyone.

Cover image: www.ingimage.com

This book is a translation from the original published under ISBN 978-613-9-58447-5.

Publisher:
Sciencia Scripts
is a trademark of
Dodo Books Indian Ocean Ltd. and OmniScriptum S.R.L Publishing group
Str. Armeneasca 28/1, office 1, Chisinau MD-2012, Republic of Moldova, Europe
Printed at: see last page
ISBN: 978-620-5-39517-2

Conteúdos

CAPÍTULO 1   7

CAPÍTULO 2   12

CAPÍTULO 3   28

CAPÍTULO 4   37

CAPÍTULO 5   40

CAPÍTULO 6   41

Abreviaturas

ACE –inhibitors- Angiotensin converting enzyme inhibitors

ARB - Angiotensin II Receptor Blockers, sartans

CNS - Central nervous system

CT- combination therapy

CVD - Cardiovascular Disease

CVM - cardiovascular medicines

DDD - defined daily dose

FC- free combinations

FDC - fixed doses combinations

GI- gastro intestinal

GPs - general practitioners

IHD- ischemic heart disease

INN- international nonproprietary name

NCPRMP - National Council on prices and reimbursement of medicinal products

NHIF - National Health Insurance Fund

PDL - Positive Drug List

PREFÁCIO

A utilização de medicamentos genéricos é um tema atraente para os decisores políticos, pacientes e profissionais de saúde. Na maioria dos países foram desenvolvidos incentivos para o fabrico e promoção de genéricos, levando assim a preços baixos, poupança orçamental e tratamento de medicamentos a preços acessíveis.

Neste livro apresentamos os factores que influenciam a utilização genérica no mercado búlgaro como parte do mercado genérico total e as medidas políticas tomadas no país.

O capítulo 1 é uma revisão das acções utilizadas para o crescimento mundial da penetração no mercado genérico, bem como a percepção dos profissionais de saúde e dos pacientes. O fabrico, distribuição e utilização dos genéricos dependem em grande medida da estabilidade do sistema de saúde, do controlo regulamentar e da legislação nacional. Concentramo-nos na política nacional búlgara de incentivo à distribuição e consumo de genéricos.

O capítulo 2 ilustra a taxa de utilização de genéricos na Bulgária como resultado da variabilidade de preços e da introdução no mercado de concorrentes genéricos. Temos observado monoprodutos e FDCs actuando sobre CVS, onde um elevado número de genéricos e novas DCI tem sido introduzido no mercado nos últimos anos. Tem afectado os preços dos medicamentos, a liderança dentro do grupo, as mudanças na percepção dos médicos e o consumo final. Neste capítulo ilustramos as mudanças dentro dos grupos terapêuticos entre 2009- 2014.

A atitude do farmacêutico e do médico em relação aos genéricos é um factor muito importante, afectando a prescrição e distribuição de medicamentos. A atitude dos farmacêuticos e dos médicos em relação aos medicamentos genéricos e à sua substituição em alguns países é observada em estudos anteriores. No **Capítulo 3** apresentamos um estudo explorando os sentimentos dos cardiologistas e farmacêuticos búlgaros sobre genéricos e FDCs em cardiologia.

O capítulo 4 apresenta a avaliação da satisfação através do modelo de classe tetra - chave, mais, características básicas e secundárias. Abrangem todos os aspectos da opinião dos especialistas médicos, bem como a sua avaliação do significado dos elementos.

Introdução

A Agência Europeia de Medicamentos define os genéricos como um medicamento desenvolvido para ser o mesmo que um medicamento já autorizado (o "medicamento de referência"). Um medicamento genérico contém a(s) mesma(s) substância(s) activa(s) que o produto de referência, e é utilizado na(s) mesma(s) dose(s) para tratar a mesma condição. São bioequivalentes, permutáveis e aprovados sob as mesmas normas de segurança, qualidade e eficácia. Quaisquer diferenças com o medicamento de referência devem ser justificadas. O medicamento de referência foi autorizado por um Estado-Membro com base num processo completo, ou seja, com a apresentação de dados de qualidade, pré-clínicos e clínicos, em conformidade com a Directiva 2001/83/CE. O pedido de autorização de introdução no mercado de um medicamento genérico é apresentado juntamente com os dados de bioequivalência dos estudos adequados.[1]

Para receber a aprovação da FDA, os medicamentos genéricos devem ser aprovados:

- contêm o mesmo ingrediente activo;
- ser a mesma força e a mesma forma de dosagem (comprimido, cápsula, etc.)
- têm a mesma via de administração (oral, tópica, injectável, etc.) que o medicamento de marca.
- os medicamentos genéricos devem ser "bioequivalentes" ao medicamento de marca.

Portanto, o medicamento genérico funcionará no organismo da mesma forma e será tão seguro e eficaz como o medicamento original.[2]

Biosimilares e medicamentos genéricos são versões de medicamentos originais. Podem oferecer uma opção de tratamento mais acessível aos pacientes. Os genéricos são aprovados através de diferentes vias abreviadas que evitam a duplicação de ensaios clínicos de preço elevado. Um biosimilar é um produto biológico que é altamente semelhante ao produto de referência. São elegíveis algumas pequenas diferenças entre o produto de referência e o produto biosimilar proposto em componentes clinicamente inactivos. Um fabricante de um produto intercambiável proposto terá de fornecer informação adicional a confirmar que se espera que um produto intercambiável produza o mesmo resultado clínico em qualquer paciente.[3]

O objectivo de criar medicamentos genéricos está relacionado com o facto de oferecerem a mesma qualidade, segurança e eficácia que os medicamentos originais, mas a um preço mais acessível. Os pagadores (instituições de pagamento e pacientes) na Europa teriam de pagar mais 100 mil milhões de euros em 2014 sem que os medicamentos genéricos fossem aprovados no mercado. Cerca de 78 % das despesas farmacêuticas são devidas a medicamentos originais e 22 % são resultado do tratamento com medicamentos genéricos na Europa.[4] Este facto torna os medicamentos genéricos um factor importante e importante do acesso dos pacientes ao tratamento.

O desenvolvimento do mercado genérico em todos os países europeus precisa de ser apoiado por uma política de cuidados de saúde bem desenvolvida, coberta pelo Governo, instituições pagadoras e reguladoras. Dá a oportunidade às instituições de pagamento de poupar dinheiro e apoiar o desenvolvimento de novas tecnologias de saúde.

O Inquérito ao Sector Farmacêutico informou que dois dos cinco medicamentos genéricos mais vendidos na Europa em 2008 pertencem à classe terapêutica cardiovascular.[5] De acordo com o relatório das Estatísticas Europeias de Doenças Cardiovasculares, cerca de 85 milhões de pessoas vivem com doenças cardiovasculares. As doenças vasculares periféricas e as doenças cardíacas isquémicas (DIC) são apresentadas como as doenças cardiovasculares mais frequentes. A taxa de prevalência tende a ser relativamente mais elevada nos países da Europa Central e Oriental e mais baixa nos países da Europa Ocidental, do Norte e do Sul.[6]

As principais características da situação demográfica na Bulgária mostram uma tendência estável na diminuição da população, envelhecimento e a baixa taxa de natalidade associada e aumento da mortalidade. A taxa de mortalidade cardiovascular normalizada na Bulgária permanece duas vezes mais elevada do que a da União Europeia.[7]

O declínio populacional, baixas taxas de natalidade, altas taxas de mortalidade e uma população envelhecida são descritos na revisão do sistema de saúde. A esperança de vida atingiu 73,3 anos em 2008, com três causas principais de morte: doenças circulatórias, neoplasma maligno e doenças respiratórias.[8] O risco cardiovascular é considerado elevado numa grande proporção da população urbana búlgara. Na faixa etária dos 65-75 anos, a prevalência de homens com risco excessivamente elevado foi estimada em 46,6%, em comparação com 6,0% nas mulheres. Estes resultados sugerem que é necessária uma estratégia e um programa nacional abrangente para a gestão das doenças cardiovasculares.[9]

Os gastos totais com medicamentos anti-hipertensivos, pagos pela NHIF no segundo semestre de 2012 estão estimados em 31 338 952 BGN. As despesas totais diminuíram no primeiro semestre de 2013 (aproximadamente 1,7%). Os custos médios mensais por paciente são de 6,27 BGN em 2012 e 5,95 BGN em 2013. A redução das despesas deve-se principalmente aos preços mais baixos dos novos medicamentos genéricos incluídos na Lista Positiva de Medicamentos (PDL).[10]

Objectivo da monografia

O nosso interesse no trabalho actual tem sido provocado pela elevada prevalência e morbilidade das doenças cardiovasculares, bem como por um ambiente competitivo dinâmico no mercado da medicina cardiovascular. Neste livro, estamos a tentar sistematizar os factores que influenciam a utilização genérica de todos os grupos de medicamentos cardiovasculares na Bulgária.

CAPÍTULO 1

Desenvolvimento de uma política genérica

A política de medicamentos genéricos compreende todas as medidas relativas ao apoio ao fabrico, distribuição e utilização de medicamentos genéricos.

Há uma revisão da importância dos medicamentos genéricos nos sistemas de saúde e das experiências de promoção da sua utilização em oito países seleccionados. Concluiu-se que a política principal necessita de ser apoiada por algumas actividades suplementares para facilitar a sua implementação ou superar as barreiras. A data de entrada de uma versão genérica de um produto de origem depende das políticas nacionais. Uma vez que os desafios variam de um sistema de saúde para outro, os programas e medidas para promover os medicamentos genéricos devem ultrapassar as barreiras a nível local.[11]

Há necessidade de uma concorrência de preços mais forte entre as empresas genéricas e de medidas para aumentar o uso de medicamentos genéricos. [12]

As políticas para melhorar o acesso aos genéricos dividem-se em políticas do "lado da oferta" e do "lado da procura".

As políticas do lado da oferta são principalmente dirigidas aos intervenientes no sistema de saúde responsáveis pela autorização de comercialização, regulamentação, garantia de qualidade e competitividade no mercado.[13]

O desenvolvimento da política do lado da procura incentiva os médicos a prescrever, os farmacêuticos a dispensar e os pacientes a utilizar medicamentos genéricos.

Em Dezembro de 2012, de um total de 29 países europeus, a substituição genérica por farmácia não é permitida em sete países (ou seja, Áustria, Bulgária, sector privado em Chipre, Grécia, Irlanda, Luxemburgo e Reino Unido), é opcional em 16 países, e é obrigatória em cinco países (ou seja, Dinamarca, Finlândia, Alemanha, o sector público em Malta e Suécia).[14]

Desde a introdução da substituição genérica na Suécia, tem sido observada uma redução de custos.[15] Políticas de preços, níveis de reembolso e substituição de medicamentos genéricos são factores chave no desenvolvimento do mercado dos medicamentos genéricos. Alguns medicamentos considerados como padrões de ouro para terapias cardiovasculares, doenças do SNC, problemas gastrointestinais e muitas outras doenças crónicas estão agora disponíveis (e estarão certamente num futuro próximo) como medicamentos genéricos. Além disso, isto poderia gerar poupanças significativas, permitindo a utilização de medicamentos verdadeiramente inovadores nas doenças que requerem uma terapia inovadora[16]

Poder-se-iam conseguir poupanças significativas se se passasse de originador para equivalentes genéricos a preços mais baixos.[17] Em alguns países, a utilização de medicamentos genéricos tem sido geralmente apoiada por uma série de políticas que promovem a sua utilização.

Na Europa, os decisores políticos centraram os incentivos financeiros mais nos padrões de prescrição dos médicos do que nas farmácias.[18]

A análise da literatura sobre a relação entre a remuneração dos farmacêuticos e a taxa dos medicamentos genéricos dispensados mostra que a remuneração dos farmacêuticos consiste tanto numa taxa fixa por item como numa certa percentagem do custo de aquisição ou do preço de entrega dos medicamentos. A remuneração dos farmacêuticos pode mudar com uma taxa por desempenho, pelo que não devem ser penalizados financeiramente pela dispensa de medicamentos genéricos.[19]

Existe uma série de políticas do lado da procura para encorajar os médicos a prescreverem medicamentos genéricos. As medidas incluem geralmente orçamentos e quotas de prescrição de medicamentos, prescrição por nome internacional não-proprietário, etc.

A avaliação comparativa das percepções em relação aos medicamentos genéricos mostrou uma percepção mais negativa dos médicos de clínica geral do que dos farmacêuticos. Se um médico de clínica geral tiver uma opinião negativa, isso afectará a percepção dos pacientes. O aumento da utilização de genéricos depende da introdução de programas educacionais para médicos especializados.[20]

Um estudo revela que a maioria dos pacientes japoneses tinha a compreensão correcta sobre o preço dos medicamentos genéricos (menos caros do que os medicamentos de marca) e sabia que os medicamentos genéricos contêm os mesmos ingredientes activos que os medicamentos de marca. No entanto, a sua compreensão é pobre nos outros aspectos da substituição dos genéricos. Deveria ser implementado um programa de sensibilização do público para fornecer informação mais detalhada sobre os genéricos. O principal factor para aceitar a substituição genérica é a recomendação por profissionais de saúde.[21]

Pelo menos 13% da população não aceitaria os genéricos como substitutos do originador em Espanha. Uma partilha de custos mais elevada e a isenção da partilha de custos com os pacientes favoreceram a aceitação dos genéricos.[22]

Política genérica na Bulgária

Os países europeus diferem na estrutura económica e financeira, e na organização dos seus sistemas de cuidados de saúde. A penetração dos medicamentos genéricos e medicamentos de origem depende em grande medida de uma legislação nacional.[23]

O desenvolvimento da política dos genéricos desempenha um papel de liderança na percepção dos medicamentos genéricos. A autorização de comercialização em todos os Estados-Membros favoreceu a aprovação dos medicamentos genéricos. A legislação europeia permite a apresentação de um dossier sem dados pré-clínicos e clínicos, tornando assim o desenvolvimento de medicamentos genéricos mais fácil e mais rápido. O papel da autoridade reguladora dos medicamentos é fundamental para assegurar a entrada atempada dos medicamentos genéricos, baixando o custo da autorização de comercialização, provando o apoio aos testes de bioequivalência, e tratando eficientemente os pedidos de autorização de comercialização para reduzir quaisquer atrasos.[13]

Na Bulgária, os preços[24] dos medicamentos genéricos são aprovados nos preços de fabrico mais baixos em 17 países de referência (ou seja, referência externa de preços). Baseia-se na presunção de que os mercados farmacêuticos nos países europeus são comparáveis. De acordo com o regulamento da Bulgária, o preço de fabrico dos produtos genéricos não deve exceder 70% do preço de fabrico do produto de referência.

Em termos de reembolso, as regras nacionais são implementadas em todos os estados membros da UE, bem como na Bulgária. A inclusão genérica na Lista de Medicamentos Positivos é mais rápida do que a dos medicamentos de origem. O valor de referência por DDD é fixado com base no preço mais baixo do medicamento em grupo por DCI e forma farmacêutica. É o resultado da implementação de preços de referência internos na Bulgária.

As medidas utilizadas para o desenvolvimento do mercado genérico na maioria dos países, ainda não foram introduzidas na Bulgária (quadro 1).

Quadro 1: Medidas utilizadas para o desenvolvimento do mercado genérico

incentives for physicians or pharmacists	educational programs	lower co-payment and lack of payment for generics
no	no	yes
generic prescribing	generic substitution	lower price of generics
no	no	yes

O Conselho Nacional de Preços e Reembolso de Medicamentos (NCPRMP) é um organismo regulador, estabelecido pela Lei sobre medicamentos em medicina humana[25] . O Conselho é responsável pela aprovação dos preços dos medicamentos, reembolso e inclusão de medicamentos no PDL (Positive Drug List).

O número de medicamentos genéricos aprovados para autorização de comercialização, bem como o número de genéricos incluídos no PDL para reembolso tem vindo a aumentar nos últimos anos. O número de medicamentos recentemente autorizados aumentou quase sete vezes de 800 (650 INN) para 6000 (2000 INN) formas de dosagem para o período de 1990 a 2000. A quota de mercado dos medicamentos patenteados é inferior a cinco por cento de todos os medicamentos recentemente autorizados.[26]

A observação no mercado búlgaro entre 2005 -2007 revela que a introdução de novos medicamentos genéricos leva a alterações nos padrões de prescrição e consumo.[27]

A portaria sobre as condições de prescrição e distribuição de medicamentos[28] diz que os médicos na Bulgária podem prescrever medicamentos pelos seus nomes comerciais ou DCI, de acordo com a farmacopeia. A substituição genérica só é possível após o acordo dos médicos. Têm de a marcar nas receitas. Os farmacêuticos não estão autorizados a alterar a denominação comercial prescrita, independentemente da opinião dos pacientes e das diferenças de preço entre o produto genérico e o produto de origem. O regulamento na Bulgária proíbe a substituição de um genérico. Se a marca prescrita não estiver disponível na farmácia, deve ser encomendada aos farmacêuticos dentro das próximas 24 horas. Os mesmos requisitos são válidos para a prescrição de medicamentos pagos pelo Fundo Nacional de Seguro de Saúde. Na Bulgária, a quota significativa de genéricos deve-se principalmente ao preço de referência e ao menor co-pagamento dos pacientes.[29]

Foram introduzidas algumas alterações na legislação farmacêutica nos últimos anos - Lei sobre medicamentos em medicina humana, Portaria sobre os termos, regras e procedimentos de regulamentação e registo dos preços dos medicamentos, Portaria № 4 sobre as condições de prescrição e distribuição de medicamentos. Ao mesmo tempo, não são introduzidas medidas regulamentares específicas que estimulem os fabricantes de genéricos, a substituição de genéricos ou o consumo de genéricos.

O principal factor que influencia a utilização dos genéricos é difícil de ser indicado. Pode ser legislação, directrizes nacionais, sistema de preços externos, alterações nos preços e medidas regulamentares para o controlo dos preços, preferências de médicos e farmacêuticos, programas educativos, hábitos de prescrição, cumprimento dos pacientes, etc. (Figura 1).

A má adesão à terapia assumiu consequências económicas significativas e leva a um aumento do custo das complicações. Isto afecta tanto os doentes como a sociedade.

Figura 1: Factores que influenciam a utilização genérica

CAPÍTULO 2

Factores, influenciando a utilização genérica

Um grande número de estudos mostra a relação entre a concorrência genérica e os preços. A redução dos preços poderia favorecer a utilização de medicamentos e melhorar o acesso dos pacientes à terapia. Neste capítulo ilustramos a relação entre a concorrência dos genéricos, os preços e a utilização de medicamentos genéricos que actuam no sistema cardiovascular. Observámos alterações nos preços, no número de concorrentes terapêuticos e genéricos e no desenvolvimento de grupos.

Os estudos aqui descritos incluem um preço de referência por DDD e DDD/1000 inal/dia como medidas específicas de preços e consumo.

Os dados seguintes comparam tanto as alterações no preço de referência por DDD como a utilização de medicamentos para CV após a sua inclusão no PDL. O preço de referência é calculado para cada DCI individual e forma farmacêutica. Baseia-se no preço mais baixo do medicamento com a mesma DCI dentro do grupo, como resultado do preço de referência interno. A alteração do preço de referência por DDD segue as alterações de preço. Quando o preço mais baixo no grupo diminuiu, o preço de referência por DDD também diminuiu.

O DDD é a dose de manutenção média por dia quando uma droga é utilizada para a sua indicação principal. [30]A utilização dos medicamentos é calculada pela fórmula DDD/1000/inh/dia = ((Dados de venda em mg/ DDD)/(N habitantes*365))).

A especificação da utilização de medicamentos fornece informações sobre as tendências do mercado, crescimento do mercado, introdução de novos medicamentos, eficácia do sistema de reembolso, etc. Além disso, a concorrência terapêutica, ou seja, a inclusão de novas DCI pode resultar em diferenças nas estratégias de tratamento. Os resultados seguintes apresentam as alterações no preço de referência por DDD e o seu impacto no consumo total.[31]

Revisão de monoprodutos, actuando sobre o sistema cardiovascular

Angiotensina - inibidores de enzimas de conversão (inibidores da ECA) e bloqueadores dos receptores de angiotensina (ARBs, sartans) são amplamente prescritos para hipertensão primária e insuficiência cardíaca crónica (CHF) na prática da cardiologia. [32,33]

Dois estudos[27,34,^] demonstaram a influência dos novos genéricos sobre os padrões de prescrição, utilização e preços na Bulgária. Os preços dos medicamentos diminuíram durante o período 2005 - 2007, principalmente devido a alterações regulamentares. Foram estabelecidas diferenças consideráveis de preços entre os concorrentes terapêuticos dentro dos grupos.

O grupo terapêutico de inibidores da ECA é frequentemente utilizado e está em expansão nos últimos anos. A observação no mercado búlgaro revela sete inibidores da ECA da DCI. A rápida taxa de crescimento do grupo terapêutico e a introdução de 2 novas DCI diferentes dentro da classe levam a uma diminuição da quota de mercado do enalapril durante 2006 e 2007, apesar da introdução de novos genéricos. A prescrição global de ACE-inibidores aumentou após a aprovação do cilazapril e benazepril dos concorrentes terapêuticos.[34]

Sete inibidores ACE da DCI, autorizados para o mercado búlgaro e reembolsados pela NHIF estão disponíveis durante 2009-2014. O número de genéricos e formas de dosagem reembolsados aumenta, levando assim a um declínio significativo dos preços após 2009 (Figura 2).

Enalapril 10 mg	Lisinopril 10 mg	Perindop ril 4/ 8 mg	Perindop ril 5/10	Ramipril 5 mg	Quinapril	Fosinop ril	Trandola pril 2
2009:	2009:	2009:	2009:	2009:	2009:	2009:	2009:
8	7	0	1	5	2	3	2
2014:	2014:	2014:	2014:	2014:	2014:	2014:	2014:
9	8	4	2	10	2	3	3

Figura 2: Alteração do número de genéricos para o grupo de inibidores da ECA entre 2009-2014

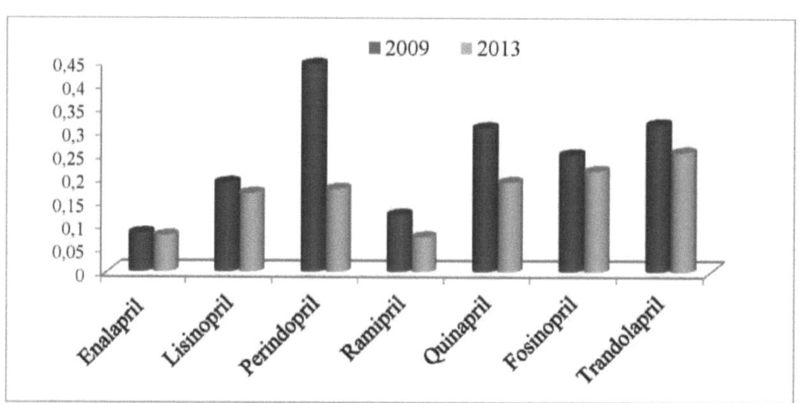

Figura 3: Alterações no preço de referência por DDD no grupo de inibidores da ECA

Foram observadas diversas tendências de utilização para o grupo de inibidores da ECA dentro do período observado. (Figura 4).

2009-2013   *2009-2013*

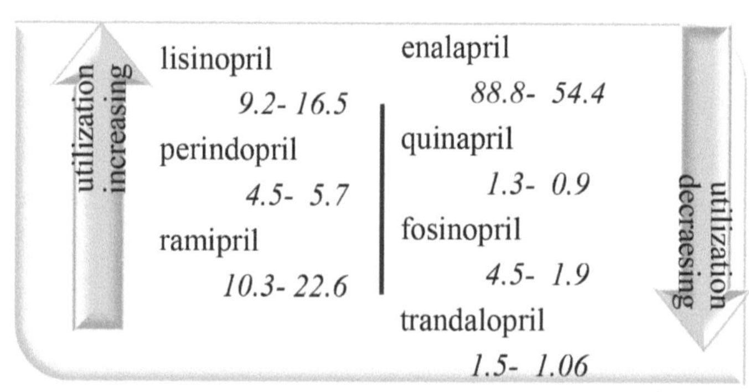

Figura 4: Utilização de inibidores da ECA em DDD/1000 inh/dia entre 2009- 2013

AT - antagonistas dos receptores (sartans) são um grupo terapêutico relativamente novo, dinâmico e em desenvolvimento. A maior utilização e a maior quota de mercado em 2005 foi a do telmisartan. Em 2006, a quota de mercado do losartan aumenta quase 6 vezes, assumindo assim uma posição de liderança no grupo. Duas versões genéricas do losartan foram introduzidas em 2006 e 2007. A observação das DCI mostra diferenças significativas nos preços entre telmisartan e eprosartan (durante 2005 - 2007). O consumo de valsartan, eprosartan e irbesartan foi o mais baixo durante 2005 - 2007 e permanece relativamente estável. A prescrição global de sartans na Bulgária está muito abaixo dos estudos internacionais. [27,34]

Novos produtos genéricos foram incluídos no PDL durante 2009-2014 no grupo de sartans. O número total de formulários de dosagem reembolsados é de 9 em 2009, enquanto que em 2013 são encontrados 69. O preço por DDD diminuiu significativamente (Figura 5). Duas DCI (irbesartan e olmesartan) foram incluídas no PDL, o que significa que são consideradas como concorrentes terapêuticos para todos os outros produtos.

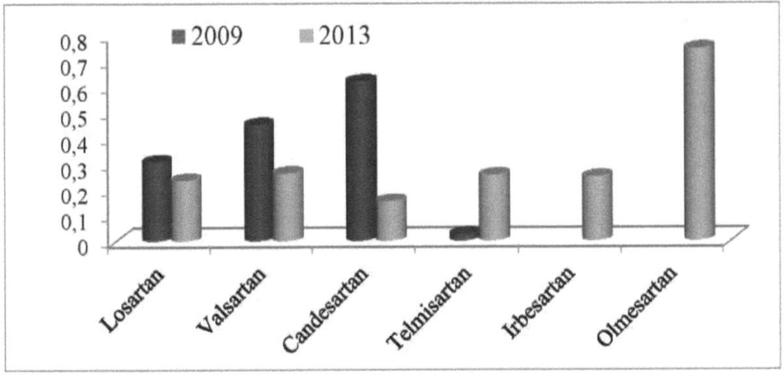

Figura 5: Alterações no preço de referência por DDD dentro do grupo de sartans

As alterações na utilização dos medicamentos medidas em DDD/1000 inal/dia são significativas entre 2009-2013 devido aos novos concorrentes e ao elevado número de novas formas de dosagem (Figura 6).

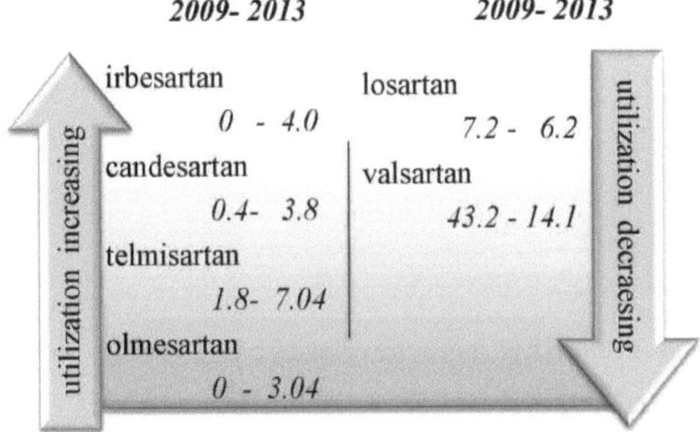

Figura 6: Utilização de Sartans em DDD/1000 inh/ dia entre 2009-2013

No grupo dos diuréticos, a concorrência não só genérica mas também terapêutica tem um impacto nas tendências do mercado. Quando a Torasemide foi incluída no PDL, o seu preço começou lentamente a diminuir, enquanto que a sua utilização aumentou. Cinco novos nomes comerciais indapamida e um hidroclorotiazida entraram neste período, levando a um preço de referência mais baixo por DDD (Figura 7).

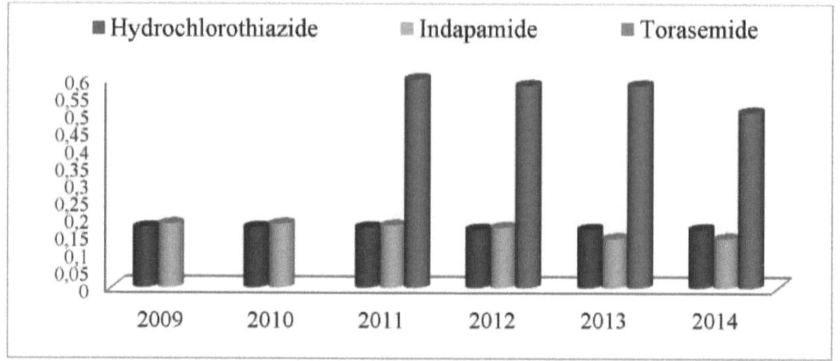

Figura 7: Alteração do preço de referência por DDD no grupo dos diuréticos

A utilização de diuréticos medidos em DDD/1000 inh/dia tem aumentado numa pequena taxa para indapamida e espironolacton. O consumo de indapamida e hidroclorotiazida continua a ser dos mais elevados.

INN: *2009-2013:*

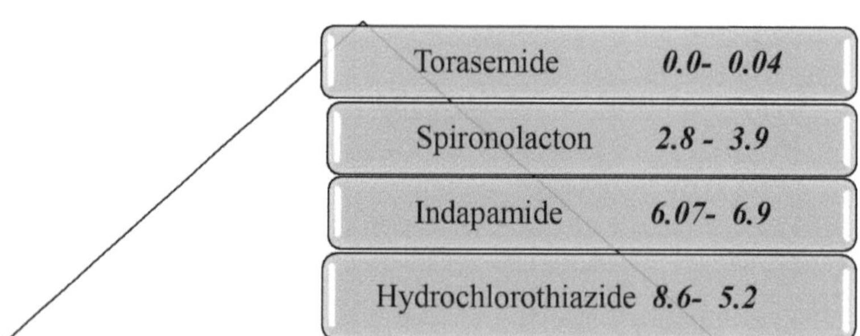

Figura 8: Alterações de utilização em DDD/1000 inh/dia no grupo dos diuréticos

A variedade de novos nomes comerciais, formas de dosagem e DCI incluídos no PDL são observados dentro do grupo de bloqueadores beta. As moléculas mais antigas e bem estabelecidas como propranolol, atenololol e metoprolol alteraram a sua quota de mercado a uma pequena taxa. O número de nomes comerciais reembolsados e as formas de dosagem do bisoprololol e nebivololol aumentaram, seguidos de alterações significativas nos preços por

DDD. O consumo dos bloqueadores beta observados aumentou no período observado, excepto o Carvedilol (Figura 9).

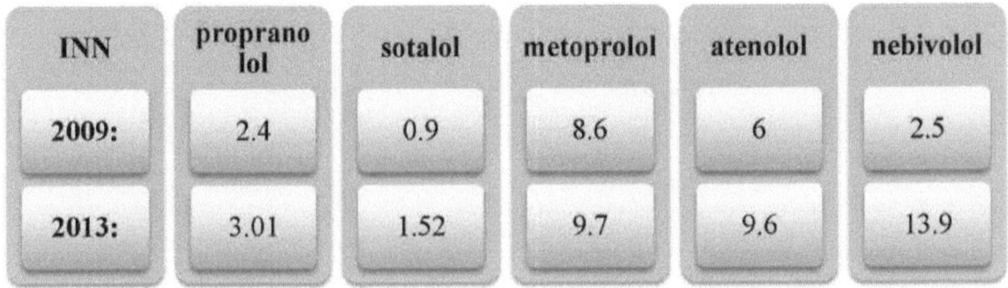

INN	proprano lol	sotalol	metoprolol	atenolol	nebivolol
2009:	2.4	0.9	8.6	6	2.5
2013:	3.01	1.52	9.7	9.6	13.9

Figura 9: Utilização de bloqueadores Beta em DDD/1000 inh/dia

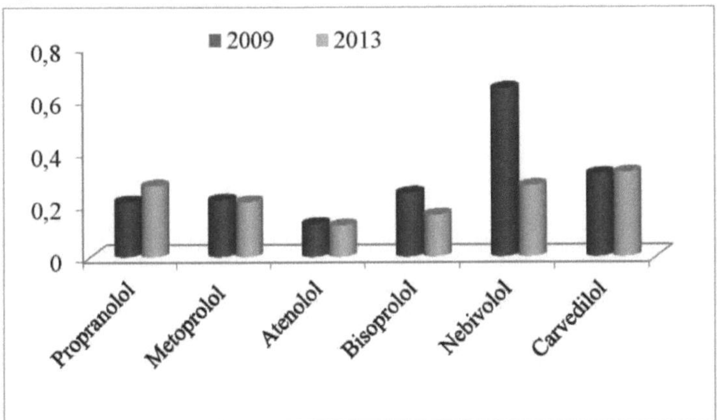

Figura 10: Alterações no preço de referência por DDD no grupo de bloqueadores beta

O grupo de Ca-antagonistas é composto por 6 DCI. Novos concorrentes genéricos e formulários de dosagem entraram no PDL durante 2009-2013.

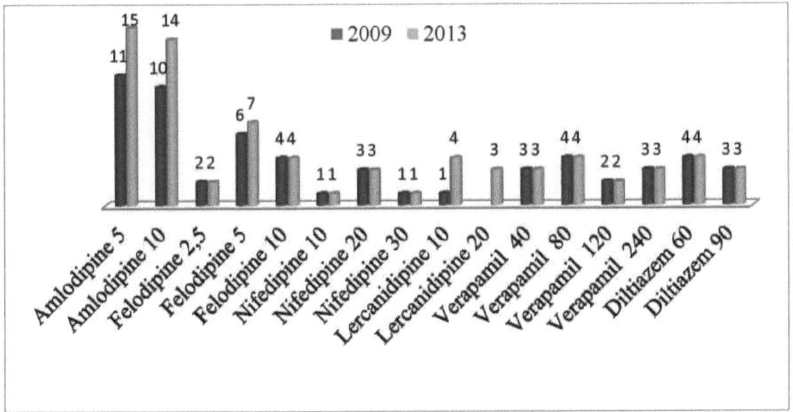

Figura 11: Novas formas de dosagem incluídas no PDL durante 2009-2013

O preço de referência de todas as DCI diminuiu e leva a um aumento da utilização. As alterações mais dinâmicas dizem respeito à lercanidipina e amlodipina, provavelmente como resultado dos novos genéricos incluídos no PDL (Figura 12).

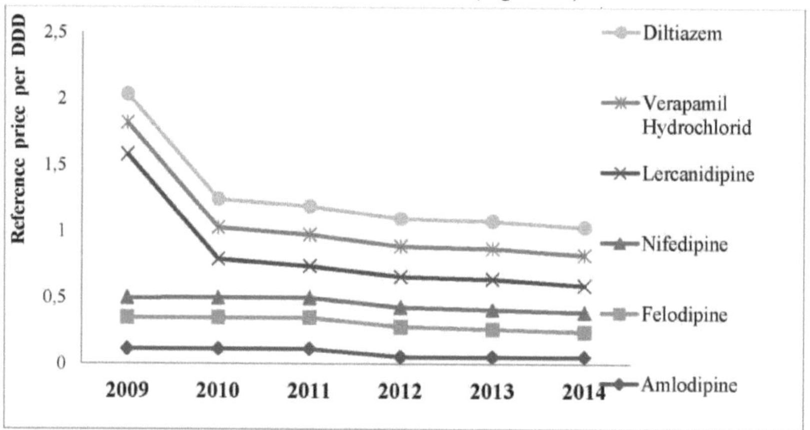

Figura 12: Alterações no preço de referência por DDD no grupo de Ca-antagonistas

A utilização medida em DDD/1000 inh/dia aumenta significativamente para a maioria dos representantes do grupo terapêutico de Ca-antagonistas. As alterações mais significativas são encontradas para a Amlodipina e Lercanidipina.

Medicinal product		**2009 - 2013:**
amlodipine	significantly increaases	12.6- 28
lercanidipine	significantly increaases	0-9.76
felodipine	slightly decreases	7.5-6.1
nifedipine	slightly decreases	8.8-6.7
verapamil	increases	5.9-7.9
dilthiazem	slightly decreases	1.7-1.4

Figura 13: Utilização de antagonistas de Ca- em DDD/ 1000 inh/dia entre 2009 -2013

No grupo das estatinas, o número dos novos genéricos aumentou nos últimos anos. Não houve alterações no número de DCI, apenas 3 novos produtos genéricos contendo sinvastatina, 1 contendo fluvastatina, 8 contendo atorvastatina, 10 contendo rosuvastatina e 2 contendo fenofibrato foram incluídos no PDL.

Quadro 2: Número de formulários de dosagem introduzidos no PDL no grupo de estatinas durante 2009-2013

INN	API, mg	Number of dosage forms		INN	API, mg	Number of dosage forms	
		2009	2013			2009	2013
Atorvastatin	10	4	12	Simvastatin	10	8	11
	20	4	12		20	11	14
	40	2	6		30	1	
	80	1	1		40	9	10
Rosuvastatin	5		2		80	1	1
	10	1	11	Lovastatin	20	3	3
	15		1		40	2	2
	20	1	11	Fluvastatin	80	2	3
	30		1	-	-	-	-
	40		3	-	-	-	-

Os preços diminuíram, enquanto que o consumo aumentou significativamente como resultado da concorrência dos genéricos.[36]

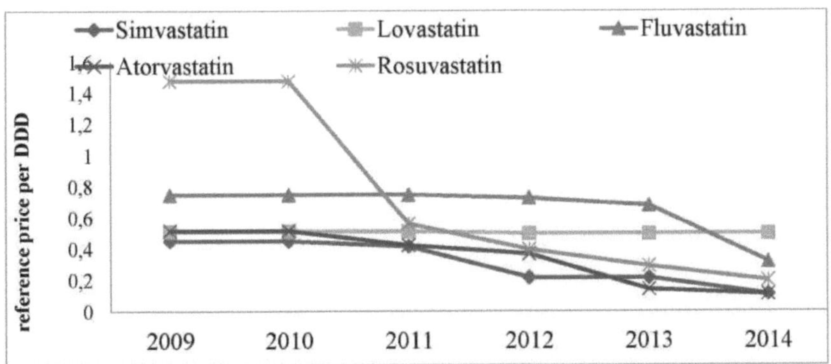

Figura 14: Alterações no preço de referência por DDD de estatinas entre 2009 -2014

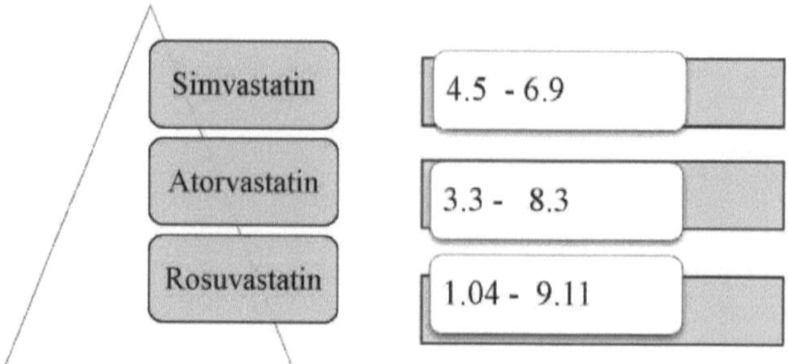

Figura 15: Utilização de estatinas em DDD/1000 inh/dia entre 2009- 2013

Os resultados confirmam que quando o preço diminui isto leva a uma maior utilização. Depende tanto do número de novos genéricos como da nova DCI, ou seja, da competição terapêutica e genérica.

O número de formas de dosagem e de nomes comerciais de medicamentos antiarrítmicos reembolsados permaneceu inalterado entre 2009- 2014. Ao mesmo tempo, o preço da propafenona diminuiu quase duas vezes em 2013, enquanto que o preço da amiodarona caiu ligeiramente (Figura 16).

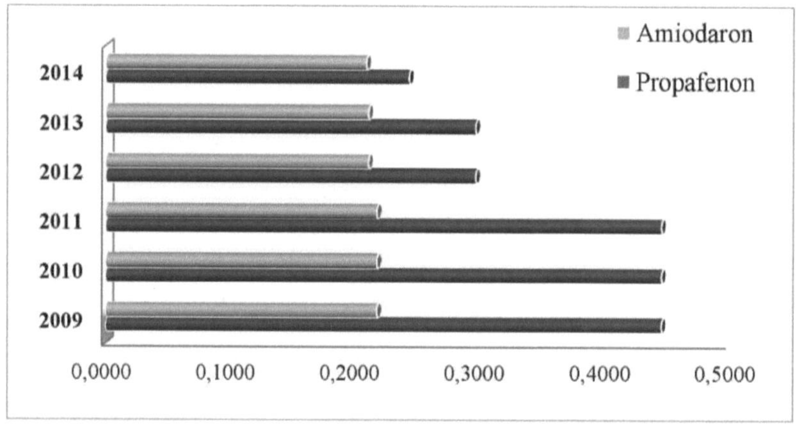

Figura 16: Alterações no preço de referência por DDD no grupo dos medicamentos antiarrítmicos

A utilização, medida em DDD/ 1000 inh/dia, aumentou entre 2009 e 2013 (Figura 17).

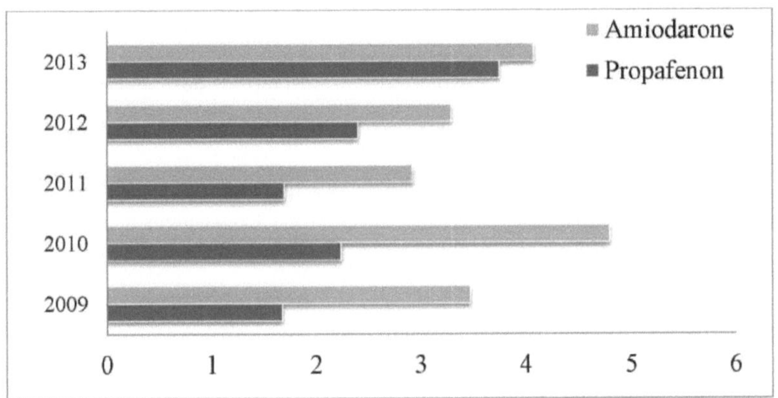

Figura 17: Utilização de antiarrítmicos em DDD/1000 inh/dia

Foram observadas várias alterações no grupo dos medicamentos antianginais. Enquanto o preço do dinitrato de isosorbida não sofreu alterações significativas, os preços de outras DCI - monoidrato de isosorbida e trimetazidina diminuem.

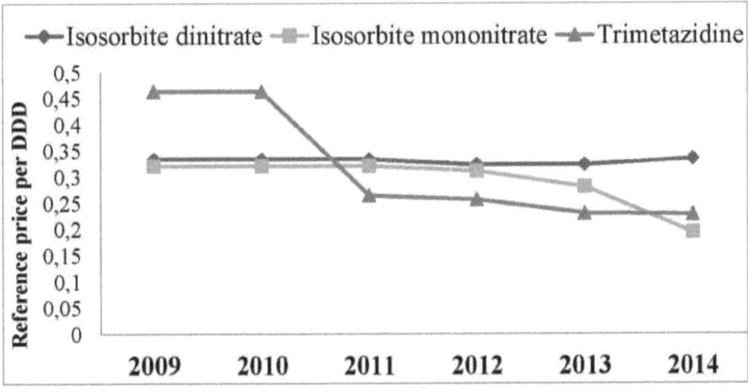

Figura 18: Alterações no preço de referência por DDD no grupo dos medicamentos antianginais entre 2009- 2014

Conclusão

Dentro dos grupos terapêuticos com maior concorrência de genéricos, os preços de referência diminuem. Para 91,7% dos monoprodutos dos medicamentos de CV, observou-se uma descida de preços para o período 2009-2014.

A diminuição é superior a duas vezes nos novos grupos terapêuticos de inibidores da

ECA, bloqueadores dos receptores de angiotensina AT e anti-hiperlipidémicos. No grupo dos medicamentos terapeuticamente bem estabelecidos os preços dos medicamentos cardiovasculares permanecem quase inalterados. O consumo dos medicamentos observados tem aumentado, confirmando assim que a concorrência dos genéricos influencia os preços dos medicamentos, as receitas médicas e o mercado farmacêutico. Consequentemente, existe uma relação inversa entre os preços e o consumo de medicamentos.

Revisão das combinações de doses fixas (FDC), actuando sobre o sistema cardiovascular

O tratamento com terapia combinada oferece algumas vantagens em comparação com a monoterapia. A terapia combinada influencia os mecanismos compensatórios induzidos por um dos fármacos e previne as reacções adversas. Algumas combinações de agentes anti-hipertensivos podem exibir efeito aditivo ou sinérgico. A terapia de combinação racional começa com a selecção de duas combinações de fármacos que exibem redução da PA aditiva, excelente tolerabilidade e uma capacidade demonstrada para reduzir os pontos terminais cardiovasculares.[37]

A monoterapia e o tratamento com FDC são apresentados num estudo que inclui pacientes búlgaros. Foram observados 1550 participantes (usando monoterapia) vs. 4328 (usando TC). 1003 pacientes utilizaram a combinação de dose fixa (FDC) sozinhos, e 3325 - combinações livres (FC). Os resultados mostraram uma taxa de controlo da PA de 48% no mês 2 a 59,9% no mês 12. A mudança na terapia inicial foi realizada em 9% dos pacientes (na visita de 2 meses). Como conclusão, os investigadores descobriram que na Bulgária a TAC, especialmente a FDC foi preferida como AHT inicial do que a monoterapia. Como um todo, a FDC foi subutilizada.[38]

A terapia complicada e a longo prazo leva a uma atitude diferente dos pacientes em relação aos medicamentos prescritos. Os conhecimentos, educação e capacidades do paciente são factores cruciais na adesão ao tratamento. Um estudo piloto sobre a aderência do paciente ao tratamento em cardiologia compara monoprodutos com FDC. Os resultados confirmam um nível de aderência mais elevado nos pacientes que tomam FDC. As diferenças entre dois grupos não são estatisticamente significativas. Por conseguinte, a adesão é um processo complexo que requer a facilitação de regimes terapêuticos, a melhoria da comunicação médico-paciente e farmacêutico-paciente, bem como a educação dos pacientes sobre os aspectos clínicos da não adesão.[39]

Um elevado número de novos FDCs foi introduzido no mercado búlgaro nos últimos anos. [40]Como resultado, o preço de referência por DDD diminui, enquanto que o consumo aumenta.

Em relação às combinações de inibidores da ECA e diuréticos, o preço de referência por DDD está a diminuir ou mantém-se estável, devido ao elevado número de novos genéricos incluídos. Em geral, a utilização aumenta, especialmente para a combinação de maleato de Enalapril/ Hidroclortiazida (Figura 19, Figura 21).

A utilização de combinações de bisoprolol/hidroclorotiazida aumentou insignificantemente durante o período observado, apesar das alterações no preço de referência.

O preço de referência por DDD diminui para as combinações reembolsadas de inibidores da ECA e Ca-antagonistas. É mais óbvio para a combinação Perindopril/Amlodipina (Figura 20, Figura 22).

Um grande número de formas de dosagem, marcas registadas e novas DCI de antagonistas de angiotensinreceptores e combinações diuréticas foram incluídas no PDL. O número total dos novos medicamentos genéricos incluídos no grupo é de 43 entre 2009 - 2013, tornando assim o grupo um dos mais dinâmicos em desenvolvimento. O elevado número dos novos medicamentos reduz o preço de referência por DDD e leva a um aumento na utilização. (Figura 23, Figura 24)

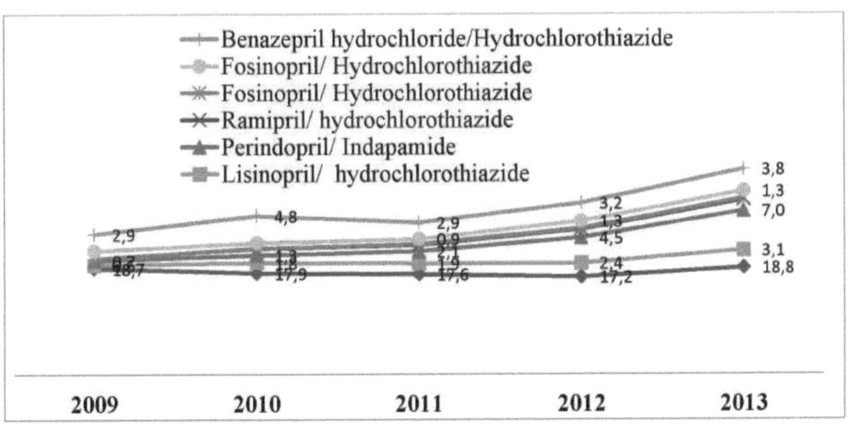

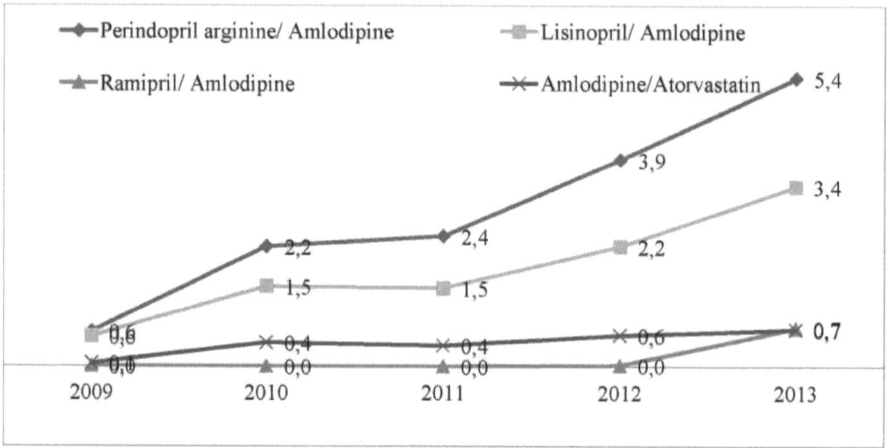

Figura 19: Utilização de inibidores de ACE e diuréticos em DDD/1000 hab/ dia

Figura 20: Inibidor ACE /Ca -antagonistas e Ca -antagonistas/utilização de estatinas em DDD/1000 hab/ dia

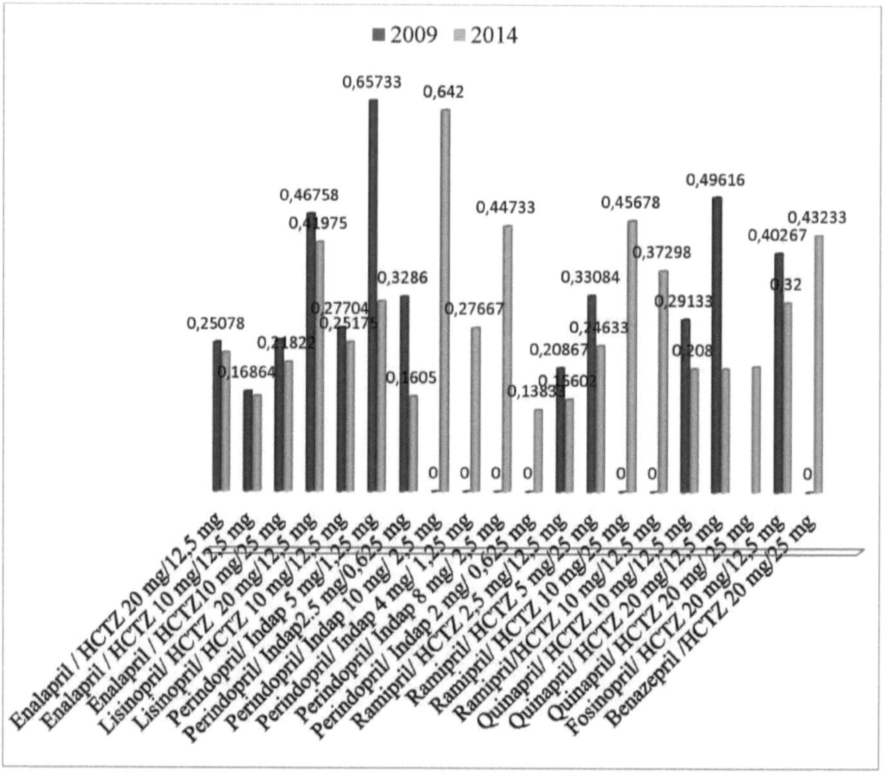

Figura 21: Alterações no preço de referência por DDD para os inibidores da ACE e combinações de diuréticos

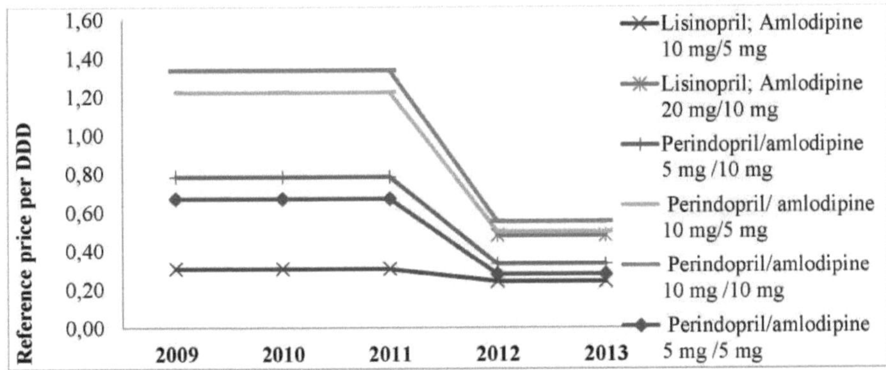

Figura 22: Alterações no preço de referência por DDD para combinações de inibidores de ACE e antagonistas de Ca-.

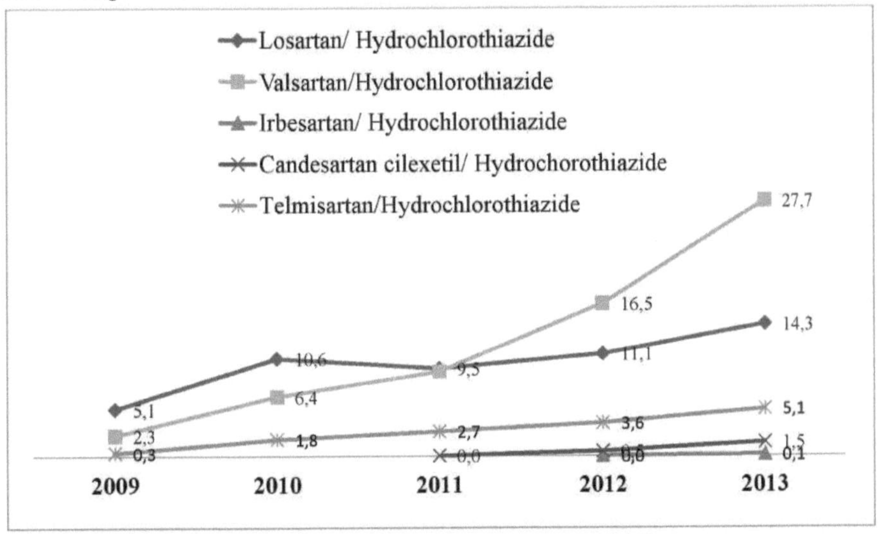

Figura 23: Utilização de sartans e diuréticos em DDD/1000 inh/ dia

FDC	• 2009- 2013:
Losartan/ HCTZ 50 mg/12.5 mg	• 0.39-0.21
Losartan/ HCTZ 100 mg/25 mg	• 0.39 -0.57
Losartan/ HCTZ 100 mg/12,5 mg	• 0-0.21
Valsartan/ HCTZ 80 mg/12,5 mg	• 0.54-0.35
Valsartan/ HCTZ 160 mg/12,5 mg	• 0.99-0.5
Valsartan/ HCTZ 160 mg/25 mg	• 1.08-0.53
Valsartan/ HCTZ 320 mg/25 mg	• 0-1.18
Valsartan/ HCTZ 320 mg/12,5 mg	• 0-1.13
Irbesartan/HCTZ 150 mg/12,5 mg	• 0-0.33
Irbesartan/ HCTZ 300 mg/12,5 mg	• 0-0.58
Candesartan / HCTZ 8 mg/ 12,5 mg	• 0-0.23
Candesartan/ HCTZ 16 mg/ 12,5 mg	• 0-0.36
Candesartan/ HCTZ 32 mg/12.5 mg	• 0-0.69
Candesartan / HCTZ 32 mg/25 mg	• 0-0.78
Telmisartan/HCTZ 80 mg/ 25 mg	• 2.2-0.7
Telmisartan/HCTZ 80 mg/ 12,5 mg	• 1.25-0.6
Olmesartan / HCTZ 20 mg/ 12.5mg	• 0-0.83
Olmesartan/ HCTZ 40 mg/ 12.5mg	• 0-1.58
Eprosartan/ HCTZ 600 mg/12,5 mg	• 1.57-1.45

Figura 24: Alterações no preço de referência por DDD para antagonistas de angiotensina-receptores e combinações de diuréticos

Conclusão

A maior descida de preços é observada em 2012. O preço de referência diminuiu para quase todas as combinações cardiovasculares. A mudança mais significativa encontra-se nos grupos mais recentes, com um grande número de novas formas de dosagem e marcas registadas. A inclusão de novas combinações e diminuição do preço de referência por DDD durante o mesmo período confirma que a concorrência genérica leva à diminuição do preço.

A relação entre o preço de referência por DDD e o DDD/1000 inh/dia utilizado fornece informações sobre como a utilização de medicamentos caros corresponde aos menos caros.

O Consenso Nacional para a utilização de medicamentos anti-hipertensivos[41] recomenda combinações com eficácia e tolerabilidade comprovadas:

- Diuréticos de tiazida ou loop e ^-bloqueadores;
- Diuréticos de tiazida ou loop e inibidores de ACE ou ARB
- Beta -bloqueadores e um bloqueador de receptores
- Beta -bloqueadores e Ca -bloqueadores de canal
- inibidores de ACE e bloqueadores de Ca -canal.

Em geral, a utilização foi aumentada em todos os grupos terapêuticos mencionados nos últimos anos. Por conseguinte, a utilização de medicamentos na Bulgária segue provas científicas e recomendações farmacoterapêuticas para o tratamento de doenças cardiovasculares.

CAPÍTULO 3

A atitude dos farmacêuticos e cardiologistas em relação aos medicamentos genéricos

Estudo na República Checa revela que a substituição genérica depende principalmente dos conhecimentos dos farmacêuticos e da sua atitude em relação aos genéricos. 615 farmacêuticos preencheram o questionário. 61,5% acreditam que os genéricos são bioequivalentes aos seus medicamentos de marca, 74% como equivalentes terapêuticos aos respectivos medicamentos de marca. 93. 3% de todos os farmacêuticos relataram que os requisitos da lei são os mesmos e garantem a segurança, qualidade e eficácia dos genéricos. 77,4% reportaram opinião positiva em relação à substituição dos genéricos. A utilização de genéricos na prática depende da familiaridade dos farmacêuticos com a legislação relevante relativa aos medicamentos genéricos.[42]

Um estudo revelou que uma proporção significativa de prescritores, farmacêuticos e população têm percepções negativas dos medicamentos genéricos. Pelo menos 25% de cada grupo acredita que a qualidade dos medicamentos genéricos é inferior à dos medicamentos de marca. Os médicos acreditam que os medicamentos genéricos podem causar mais frequentemente efeitos secundários do que os medicamentos de marca. O resultado global mostra um número significativo de pacientes, médicos e farmacêuticos relataram incerteza sobre a eficácia, segurança e qualidade dos medicamentos genéricos. A opinião dos prescritores e farmacêuticos é um factor crucial para a aceitação dos genéricos, uma vez que estes têm uma forte influência na atitude dos pacientes em relação à substituição dos genéricos.[43]

Um inquérito entre 450 médicos e farmacêuticos na Bósnia e Herzegovina revelou que os profissionais de saúde têm conhecimentos suficientes sobre medicamentos genéricos. A maioria dos inquiridos 87,0% considerava os medicamentos genéricos os mesmos que os medicamentos de origem. Os inquiridos acreditavam que os pacientes consideravam os medicamentos genéricos menos eficazes (45,4%), e (49,0%) desaprovavam a substituição genérica. 39,0% concordaram que os genéricos causavam mais efeitos secundários, e quase o mesmo número de inquiridos discordou (38,0%). 288 inquiridos relataram que o medicamento genérico tinha a mesma estrutura que o medicamento de origem, e que o medicamento genérico é idêntico ou bioequivalente ao medicamento de marca e com o mesmo efeito. 67,0% dos inquiridos relataram que prefeririam o medicamento de origem (medicamento de marca).

Em conclusão, médicos e farmacêuticos na Bósnia e Herzegovina têm atitudes positivas em relação à prescrição de medicamentos genéricos. A principal barreira à utilização de medicamentos genéricos é a falta de conhecimento sobre questões regulamentares relacionadas com a bioequivalência e a qualidade.[44]

Vinte e nove por cento dos pacientes noruegueses entrevistados estavam ansiosos após a substituição, 8% relataram efeitos secundários do medicamento genérico, 15% relataram novos ou mais efeitos secundários. Cinco por cento dos pacientes utilizam simultaneamente vários medicamentos genéricos. Os resultados mostram que a substituição genérica é um factor muito importante que leva a uma fraca aderência em doentes hipertensos. A abordagem individual, a implementação de medidas e o aumento dos conhecimentos dos pacientes poderiam estimular a utilização de genéricos e a adesão dos pacientes.[45]

Conhecimento e percepção de genéricos e FDCs entre os profissionais de saúde' na Bulgária

Tendo em conta os factos acima referidos, na secção seguinte fornecemos informações sobre a atitude dos médicos e farmacêuticos na Bulgária em relação aos medicamentos genéricos em cardiologia. Como foi explicado, de acordo com as regras, a substituição genérica só é possível com o consentimento dos médicos. Os farmacêuticos não estão autorizados a substituir a marca prescrita.

Realizámos um estudo de investigação entre 50 cardiologistas e 144 farmacêuticos na Bulgária'[46],[47]. Foi examinado o grau de aceitação dos genéricos e da combinação de doses fixas.

A pergunta 1 visa explorar os seus conhecimentos e capacidade de identificar as características fundamentais dos medicamentos genéricos (Figura 25). A proporção de cardiologistas com opinião positiva prevalece. Os farmacêuticos não estão unificados na sua opinião. O número de farmacêuticos neutros entrevistados é relativamente elevado, embora quase um quarto deles não tenha uma opinião sobre a equivalência dos medicamentos genéricos (Figura 26).

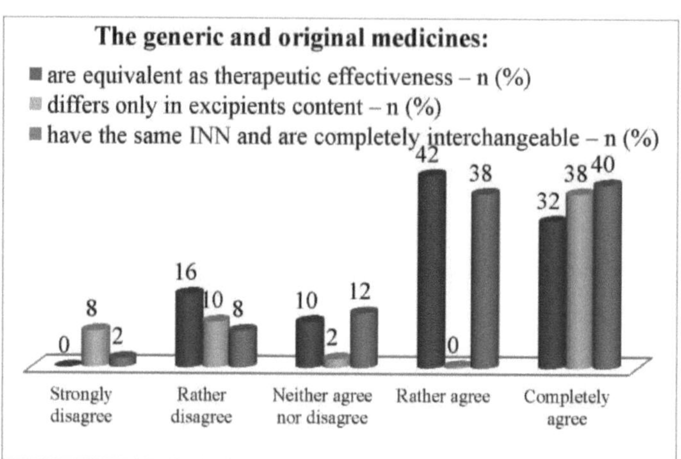

Figura 25. Distribuição das respostas dos cardiologistas às características dos medicamentos genéricos

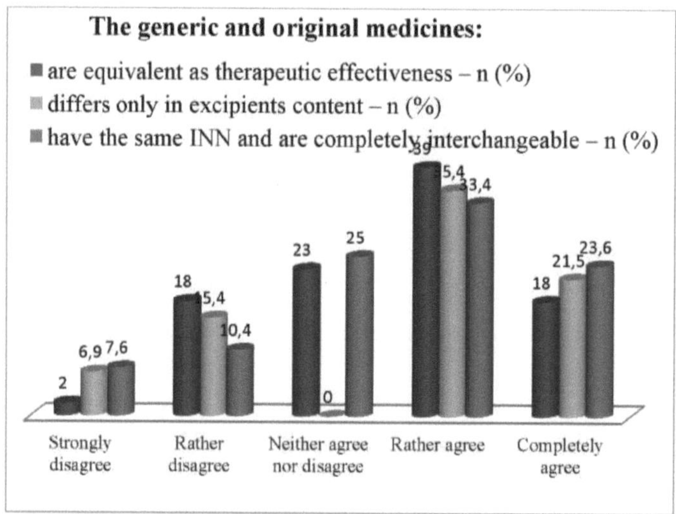

Figura 26. Distribuição de respostas dos farmacêuticos às características dos medicamentos genéricos

A segunda pergunta revela a percepção das diferenças de segurança. A maioria dos cardiologistas considera os genéricos igualmente seguros, capazes de serem prescritos nos mesmos esquemas terapêuticos e com a mesma frequência de reacções adversas aos medicamentos. As opiniões dos farmacêuticos em relação à segurança não são tão negativas. 82% acreditam que podem ser prescritos sob os mesmos esquemas terapêuticos.

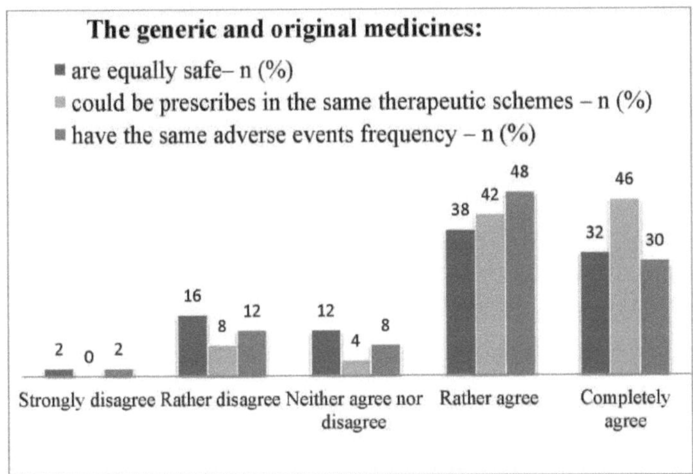

Figura 27. Distribuição de respostas dos cardiologistas para a segurança dos medicamentos genéricos

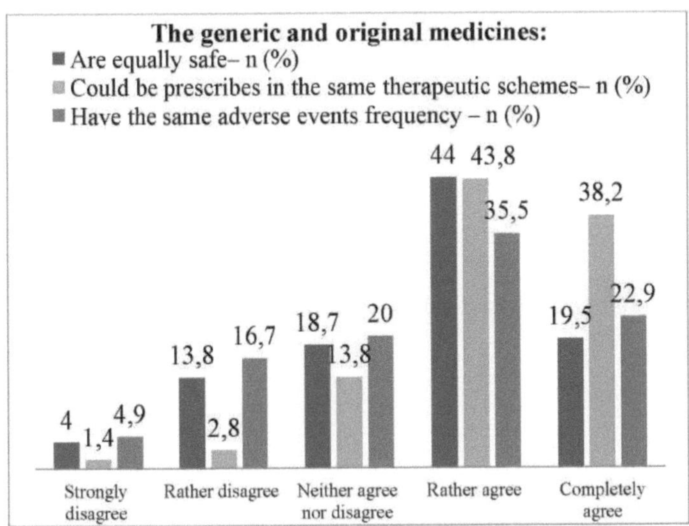

Figura 28. Distribuição de respostas dos farmacêuticos para a segurança dos medicamentos genéricos

A terceira pergunta discute a percepção da questão do preço e da acessibilidade de preços - figuras 41 e 42. A maioria dos cardiologistas considera os genéricos como produtos mais acessíveis e de alta qualidade e concordam que um preço mais baixo é o resultado de uma produção mais baixa.

custos. 18,8% os farmacêuticos acreditam que preços mais baixos indicam uma qualidade inferior, enquanto 16% consideram que a diferença de preços não se deve ao custo de produção mais baixo.

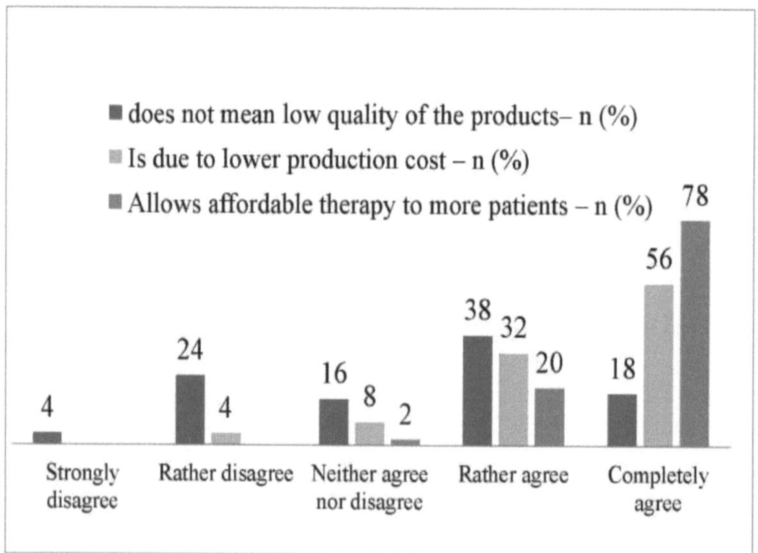

Figura 29. Distribuição de respostas relacionadas com a influência dos preços dos medicamentos genéricos.

Considera que o preço mais baixo dos medicamentos genéricos:

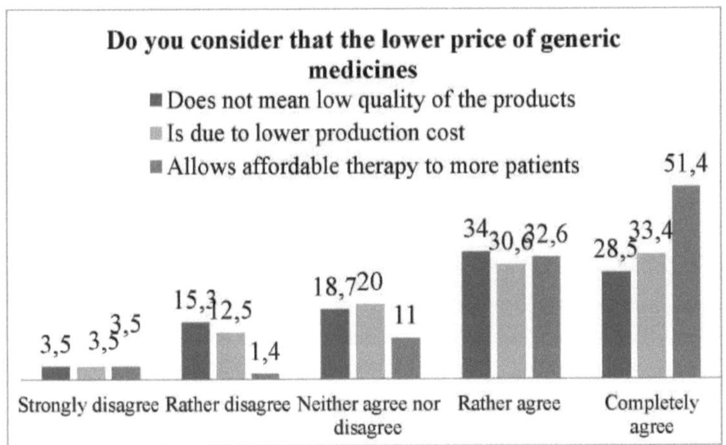

Figura 30. Distribuição de respostas dos farmacêuticos relacionadas com a influência dos preços dos medicamentos genéricos.

Apenas 2 cardiologistas declararam que não prescrevem medicamentos genéricos. Todos os outros prescrevem genéricos principalmente devido ao seu baixo preço (96%), e à melhor adesão dos pacientes.17% dos cardiologistas declararam que os seus pacientes consideram os medicamentos genéricos não tão eficazes como os originadores e 16% partilham experiência positiva com os genéricos. Outros factores que têm menos efeito na decisão de receitar um medicamento são a mesma segurança (72%) e qualidade (58%).

Os farmacêuticos, que recomendam medicamentos genéricos, citam os seus preços mais baixos como os principais factores. 22% dos farmacêuticos entrevistados não recomendam medicamentos genéricos.

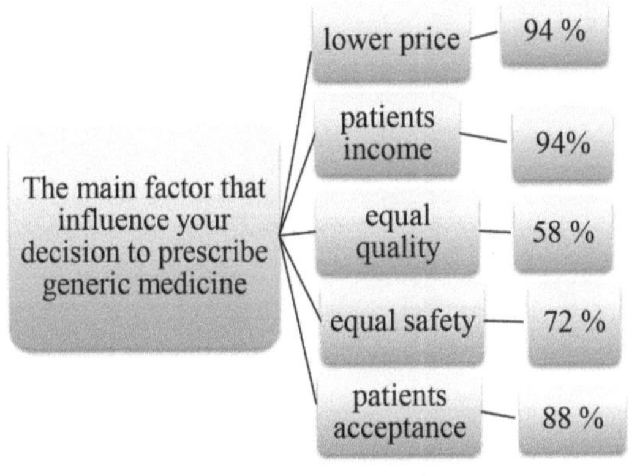

Figura 31: Distribuição de respostas dos cardiologistas para a decisão de prescrever genéricos

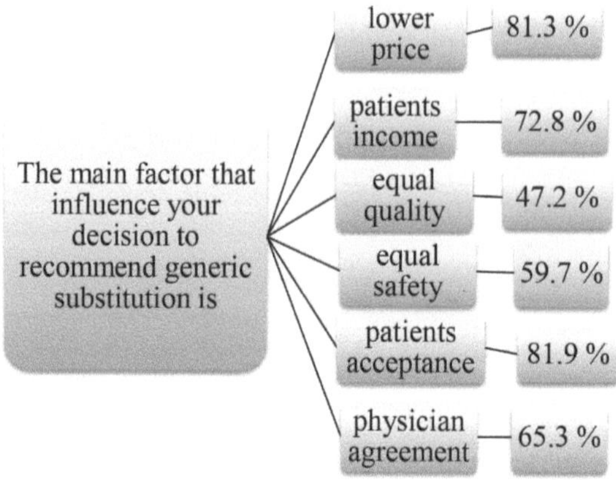

Figura 32: Distribuição de respostas dos farmacêuticos para a decisão de recomendar genéricos

O acordo dos pacientes foi avaliado através da perspectiva de médicos e farmacêuticos. Os especialistas de saúde estavam mais inclinados a prescrever e dispensar genéricos quando os pacientes tinham informação suficiente sobre os mesmos. As dúvidas sobre a eficácia devem ser identificadas e esclarecidas, quer sejam ou não infundadas, uma vez que, como influenciam negativamente a decisão dos pacientes de utilizar medicamentos genéricos. As respostas confirmam que o conhecimento individual, a educação e o menor co-pagamento são factores chave que determinam o consentimento do paciente para os medicamentos genéricos.

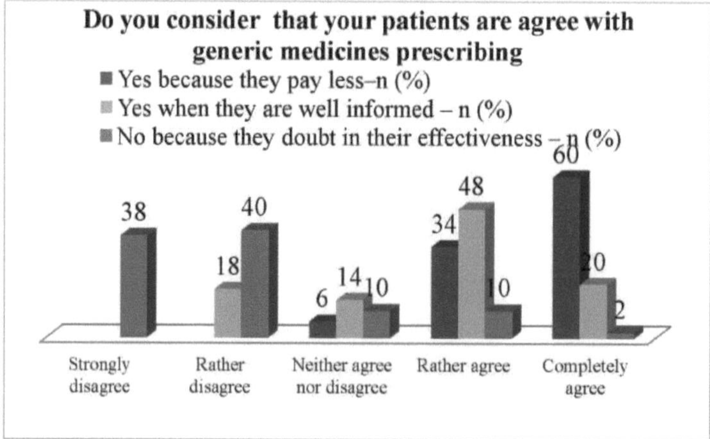

Figura 33: A distribuição de cardiologistas responde à percepção dos pacientes sobre os medicamentos genéricos.

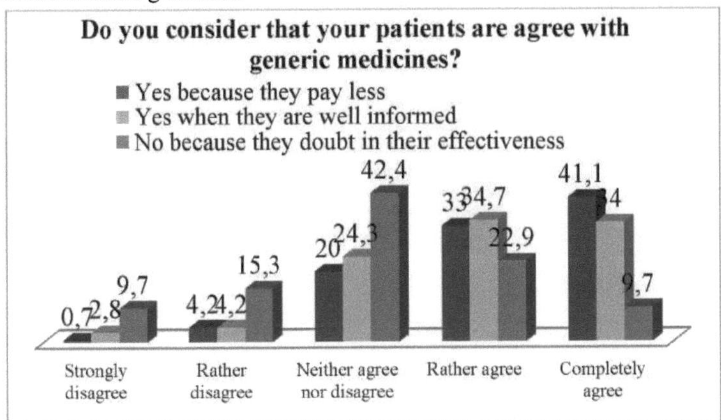

Figura 34: A distribuição de farmacêuticos responde à percepção dos pacientes sobre os medicamentos genéricos.

A pergunta seguinte avalia a opinião dos profissionais de saúde sobre a política de disponibilidade de medicamentos genéricos no país.

Os factores que influenciam a atitude positiva dos farmacêuticos incluem a apólice do Fundo Nacional de Seguro de Saúde (NHIF) para reembolsar o equivalente ao preço mais baixo (62,5%) e a disponibilidade de medicamentos genéricos no mercado (58,9%). O facto de o público não ter conhecimentos suficientes sobre os medicamentos genéricos é listado como um factor que influencia negativamente a opinião. Os farmacêuticos têm uma opinião negativa sobre a política de medicamentos genéricos do país.

A falta de incentivos para os médicos é avaliada negativamente em 74%, mas a política de reembolsos (76%) e a concorrência no mercado genérico são medidas importantes que influenciam positivamente o mercado genérico (64%).

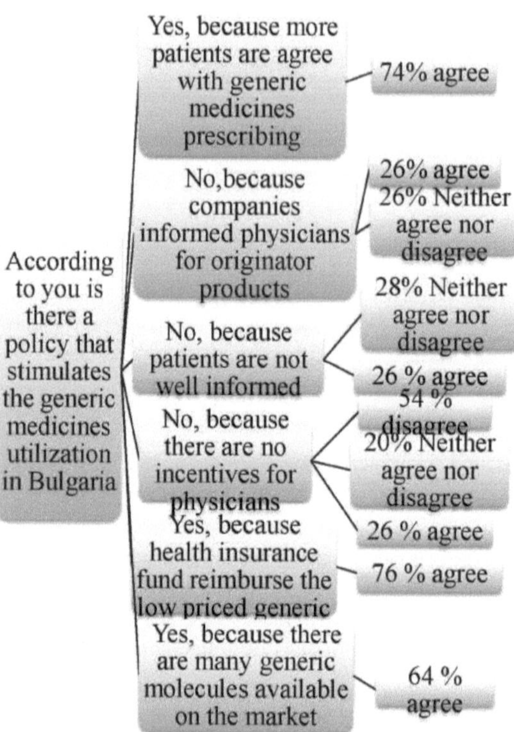

Figura 35: Distribuição de cardiologistas responde à política de medicamentos genéricos do país.

Conclusão

A atitude dos cardiologistas e farmacêuticos em relação aos medicamentos genéricos e FDC em cardiologia confirma que têm principalmente uma opinião positiva sobre a sua eficácia, segurança e permutabilidade, mas os médicos são mais positivos do que os farmacêuticos.

CAPÍTULO 4

Satisfação dos médicos e farmacêuticos com os medicamentos genéricos e combinações de dose fixa em cardiologia

A análise tetraclasse é adequada para a avaliação da satisfação com medicamentos genéricos e combinações de dose fixa em cardiologia.

Uma avaliação positiva foi mais característica para os médicos, enquanto que os farmacêuticos têm uma opinião ligeiramente negativa.

O modelo Tetra Class avaliou a opinião de cardiologistas e farmacêuticos, a fim de descobrir o risco de insatisfação com a eficácia, segurança e acessibilidade dos genéricos. Isto poderia apoiar a garantia de medidas adequadas para uma política estável dos genéricos.

As características são classificadas em quatro subtipos, com base no modelo de classe tetra:

As "características básicas" determinam a satisfação negativa, quando são avaliadas negativamente. Quando são avaliadas positivamente, a sua contribuição para a satisfação positiva é insubstancial.

As "características Plus" contribuem para a satisfação geral. Quando avaliadas negativamente, não influenciam muito a insatisfação.

As "características-chave" contribuem fortemente para a insatisfação, independentemente da avaliação.

As "características secundárias" não desempenham um papel fundamental na satisfação, independentemente da avaliação.

A distribuição dos elementos é a seguinte:

- o quadrante superior direito contém as características-chave (contribuem fortemente para a insatisfação)
- o quadrante superior esquerdo contém mais características
- o quadrante inferior direito contém as características básicas
- o quadrante inferior esquerdo contém as características secundárias (não influenciam a satisfação).

A chave, mais e características básicas cobrem todos os aspectos da opinião dos especialistas médicos, bem como a taxa de importância dos elementos.

Em 8 dos 28 elementos de todas as características de satisfação com os medicamentos genéricos e combinações de dose fixa que foram incluídos no questionário, a opinião tanto dos cardiologistas como dos farmacêuticos coincidiu.

Plus

- **Physicians**
  - are equivalent in their effectiveness
  - equal quality with original medicine
  - could be applied in the same therapeutic schemes
  - for elderly on polytherapy
  - in case when there is a risk of inappropriate administration
  - patients are agree when they are well informed
  - health insurance fund reimburse the low priced generic
  - there are many generic molecules available on the market result from policy
- **Pharmacists**
  - are equivalent in their effectiveness
  - equal quality with original medicine
  - health insurance fund reimburse the low priced generic
  - there are many generic molecules available on the market result from policy

Figura 36: Mais elementos, caracterizando a opinião de farmacêuticos e médicos

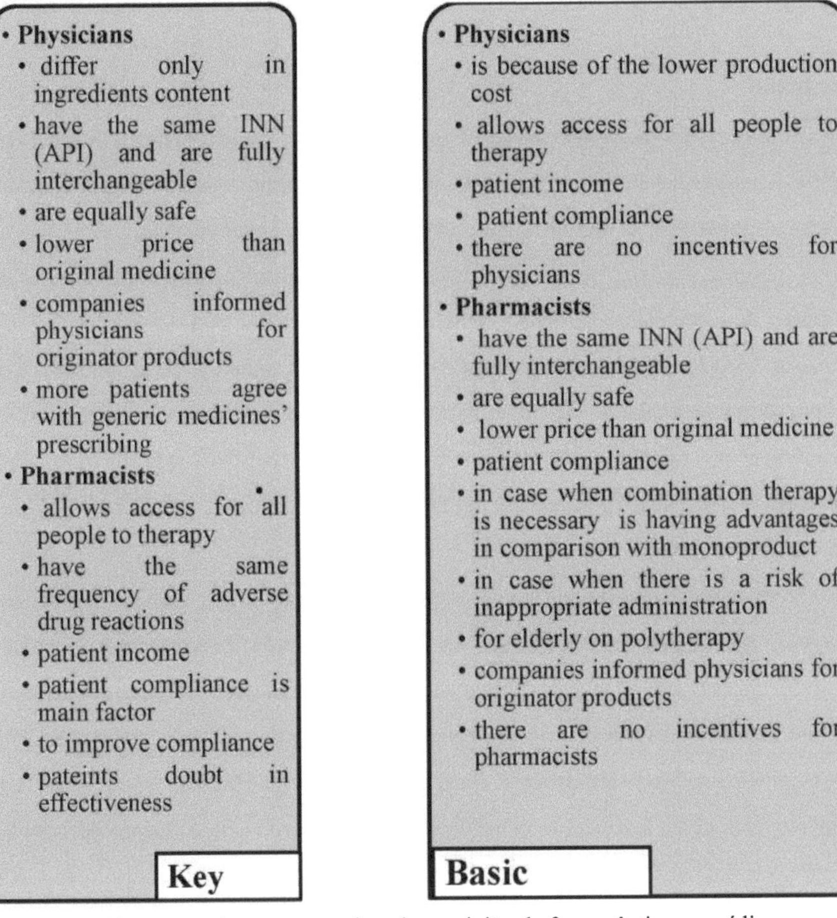

Figura 37: Elementos-chave, caracterizando a opinião de farmacêuticos e médicos

Figura 38: Elementos básicos, caracterizando a opinião de farmacêuticos e médicos

O inquérito confirma que os cardiologistas estão mais satisfeitos com os medicamentos genéricos, enquanto que a satisfação com as combinações de dose fixa é elevada em ambos os grupos. As diferenças nas características-chave, básicas e positivas confirmam a necessidade de uma política genérica e de medidas para o desenvolvimento do mercado dos genéricos. A percepção dos especialistas de saúde poderia influenciar a atitude dos pacientes e o consumo dos genéricos.[48]

CAPÍTULO 5

Conclusão

O mercado dos medicamentos genéricos está a crescer a nível mundial, incluindo na Bulgária. A análise da literatura mostra que o seu desenvolvimento requer acção por parte das autoridades sanitárias e, ao mesmo tempo, conduz a poupanças significativas.

A política genérica na Bulgária centra-se principalmente em procedimentos de autorização de comercialização mais curtos, prazos mais curtos para a inclusão na Lista Positiva de Medicamentos e co-pagamentos mais baixos. Cardiologistas e farmacêuticos indicam claramente a falta de incentivos para o desenvolvimento do mercado de genéricos. Os cardiologistas relataram que não existem incentivos para os médicos receitarem medicamentos genéricos, enquanto que os farmacêuticos indicam a substituição genérica como uma questão básica.

O reembolso com base no preço genérico mais baixo e no grande número de genéricos no mercado são os factores cruciais que conduzem à evolução do mercado de genéricos búlgaros. [29] Gostaríamos de salientar que apesar da falta de medidas, a utilização de genéricos como um todo aumenta e o mercado de genéricos na Bulgária está a desenvolver-se. Isto deve-se principalmente a um sistema eficaz de preços e reembolsos, a um menor co-pagamento, bem como à utilização de medicamentos de acordo com as recomendações do Consenso Nacional de Cardiologia. O conhecimento dos especialistas em cuidados de saúde tem um elevado impacto no consumo de genéricos.

Podemos também concluir que os pacientes com DCV na Bulgária têm acesso a tratamento com medicamentos genéricos eficazes e acessíveis.

CAPÍTULO 6

Referências

Agência Europeia de Medicamentos. Medicamentos genéricos. Disponível em: http://www.ema.europa.eu/ema/index.jsp7curUpages/regulation/q_and_a/qand_a_detail_000032.jsp&mid=WC0b01ac058002708e

[2]Medicamentos genéricos: Perguntas & Respostas. Disponível em https:// www.fda.gov

[3]Produtos Biosimilares e Intercambiáveis. Disponível em https:// www.fda.gov

[4]Factsheet on Generic Medicines. Disponível em http: //www.medicinesforeurope.com/wp-content/ uploads /2016/05/4.-Generic-Medicines_On-Generic- Medicines .pdf

Relatório Final do Inquérito ao Sector Farmacêutico. COMISSÕES EUROPEIAS Julho 2009.http://ec.europa.eu/ concurso/ sectores/farmacêuticos/informação/papel_de_trabalho_partl.pdf

[6]Wilkins E, Wilson L, Wickramasinghe K, Bhatnagar P, Leal J, Luengo-Femandez R, Burns R, Rayner M, Townsend N. European Cardiovascular Disease Statistics 2017. European Heart Network, Bruxelas (2017) http://www.ehnheart.org/images/CVD-statistics-report-August-2017.pdf[7] Análise da estabilidade do modelo de seguro de saúde - riscos e desafios do Fundo Nacional de Seguro de Saúde. Relatório sobre a implementação actual da lei orçamental da NHIF 30.04.2014 e implementação orçamental esperada a partir de 31.12.2014. http://www.nhif.bg/

[8]Dimova A, Rohova M, Moutafova E, Atanasova E, Koeva S, Panteli D, et al. Bulgária: revisão do sistema de saúde. Sistemas de Saúde em Transição. 2012;14(3):l-186

[9]Dyakova M, Shipkovenska E,Dyakov P, Dimitrov P, Torbova S. Avaliação do Risco Cardiovascular da População Urbana Búlgara: Cros ssectional Study Croat Med J. 2008; 49:783-91 doi:10.3325/cmj.2008.49.783

[10]Conceito para a política farmacêutica. Ministério da Saúde da Bulgária, https:// www. mh. govemment.bg

[11]Hassali MA, Alrasheedy AA, McLachlan A, Nguyen TA, Al-Tamimi SK, Ibrahim MI, Aljadhey H. As experiências de implementação da política de medicamentos genéricos em oito países: Uma revisão e recomendações para uma promoção bem sucedida da utilização de medicamentos genéricos. Saudi Pharm J. 2014 Dez; 22(6): 491-503. doi: 10.1016/j.jsps.2013.12.017. Epub 2013 Dez25.

[12] Wouters O, Kanavos P, McKEE M. (2017), Comparing Generic Drug Markets in Europe and the United States: Preços, Volumes, e Gastos. The Milbank Quarterly, 95: 554-601. doi:10.1111/1468-0009.12279

[13] Kaplan W, Wirtz V, Vogler S de todo. Opções Políticas para Promover a Utilização de Medicamentos Genéricos em Países de Baixo e Médio Rendimento Março 2016 Disponível em:

[14] http:// haiweb.org/wp- content/uploads/ 2017/02/ HAI_Review _generics _policies _final.pdf

[15] Vogler S (2012b): O impacto das políticas de preços e reembolso de medicamentos na adopção de genéricos: implementação de opções políticas sobre genéricos em 29 países europeus - uma visão geral. GaBI Journal 1(2): 93-100.

[15]Andersson K, Bergstrom G, Petzold MG, Carlsten A. Impacto de uma reforma de substituição genérica nas despesas dos pacientes e da sociedade com os medicamentos. *Política de Saúde 81 (2007) 376-384*

[16]Sheppard A, Medicamentos Genéricos: Contribuintes essenciais para a saúde a longo prazo da sociedade. Desafios da sustentabilidade do sector na Europa. IMS HEALTH, http:// www.imshealth .com/ imshealth / Global/Content/Document/Market_Measurement_TL/Generic_Medicines_GA.pdf (Acesso em Nov 2014)

[17]Cameron A, Mantel-Teeuwisse A, LeufkensH, Laing R. Mudança de medicamentos de marca originária para equivalentes genéricos em países em desenvolvimento seleccionados: Quanto poderia ser poupado? Preço Saúde. 2012;15: 664-673

[18] Garattini L, Tediosi F (2000). Uma análise comparativa dos mercados genéricos em cinco países

europeus. Política de Saúde 51:149-162

[19]Dylst P, Vulto A, Simoens S. Como podem os sistemas de remuneração dos farmacêuticos na Europa contribuir para a distribuição de medicamentos genéricos? Pharm Pract (Granada). 2012 Jan;10(l):3-8. Epub 2012 Mar31

[20]Dunne S, Shannon B, Hannigan A, Dunne C, Cullen W. Percepções médicas e farmacêuticas dos medicamentos genéricos: O que eles pensam e como diferem. Política de Saúde 116 (2014) 214-223[21] Kobayashi E, Karigomeb H, Sakuradaa T, Satohb N, Uedaa S; Atitudes dos doentes em relação à substituição de medicamentos genéricos no Japão; Política de Saúde 99 (2011) 60-65

[22]Costa-Font J, et al. Fidelidade à marca, pacientes e limitada aceitação de medicamentos genéricos. Política de Saúde (2014),http://dx.doi.org/10.1016/j.healthpol.2014.01.015

[23]Simoens S. Fornecimento sustentável de medicamentos genéricos na Europa. Bruxelas: Associação Europeia de Medicamentos Genéricos; 2013 Disponível em:

http://www. quotidianosanita .it/ allegati/ allegato 3090824.pdf (Acesso em Nov 2014)

[24]Associação EG. 2011 market review: os mercados europeus de medicamentos genéricos. Bruxelas: Associação Europeia de Medicamentos Genéricos; 2011

[25] Lei sobre Medicamentos em Medicina Humana; Em vigor a partir de 13.04.2007, alterar. SG. 102/21 Dez 2012

[26]Stoimenova A, Stankova M, Samev K, Petrova G. O mercado farmacêutico na Bulgária é inovador? Fazenda Boll Chim. 2003 Set;142(7):260-3.

[27]Petrova G, Manova M, Stoimenova A, Savova A, Peikov P. Medicamentos cardiovasculares receitados na Bulgária. Comptes rendus de l'Acad'emie bulgare des Sciences. 2011; 64 (2): 285-292[28] 0rdinance N 4 of 4 March 2009 on the conditions for presribing and dispensing of medicinal products.; Disponível em: images/stories /documents/ regulations/ naredbi/naredba4.pdf.

[29]Stoimenova A, Penkov S, Savova A, Manova M, Petrova G. Generic policy in Bulgaria: a policy of failure or success?, (2016) Biotechnology & Biotechnological Equipment, 30:5, 1031-1037, DOI: 10.1080/13102818.2016.1208061

[30]Centro Colaborador da OMS para a Metodologia das Estatísticas sobre Drogas, Directrizes para a classificação ATC e atribuição do DDD 2018. Oslo, Noruega, 2017.
https://www.whocc.no/filearchive / publications/guidelines.pdf

[31]Mitkova Z, Manova M, Petrova G. Impacto da concorrência dos genéricos nos preços de referência dos medicamentos cardiovasculares. Pharmacia, 2014 (LXI) 3: 9-16

[32]Li EC, Heran BS, Wright JM.Angiotensin conversor de inibidores de enzimas (ACE) versus bloqueadores de receptores de angiotensina para hipertensão primária.Cochrane Database Syst Rev. 2014 Ago 22;(8):CD009096. doi: 10.1002/14651858.CD009096.pub2

[33]Vachidry JL. Inibidores da ECA e/ou sartans na insuficiência cardíaca: existe diferença? Rev Med Brux. 2003 Set;24(4):A249-52

[34]Manova M, Stoimenova A, Clerfeuille F, Petrova G. Impacto da concorrência dos genéricos na quota de mercado e preços dos medicamentos cardiovasculares no mercado farmacêutico búlgaro. Journal of Public Health, Springer Verlag, 2010, 19 (1), pp.91-100

[36]Petrova G, Mitkova Z, Stoimenova A, Manova M.Impact of generic competition on changes in reference price pre DDD and medicines utilization in the group of statins, ISPOR 19th Annual European CongressVienna, Austria Outubro, 2016. PCV134
https://www.ispor.org/RESEARCH_STUDY_DIGEST/details.asp

[37]GradmanA. Estratégias para a Terapia Combinada em Hipertensão. Curr Opinião Nephrol Hypertens. 2012; 21 (5):486-491.

[38]Raev D, Barkalova D.Initial anti-hipertensive therapy in Bulgaria. Um estudo prospectivo nacional de observação (estudo BG de terapia inicial de BP) Journal of Hypertension: (2015) vol. 33, eSupple 1, 2015doi: 10.1097/01.hjh. 0000468812.64567 ,15POSTERS' SESSÃO PS35 TRATAMENTO FARMACOLÓGICO

[39]Mitkova Z, Manova M, Petrova G. A adesão dos doentes à terapia; Medicina Geral e Familiar.2016 (XVIII) 1:9-13

[40]Mitkova Z, Manova M, Georgieva S, Petrova G. Combinações de Doses Fixas Actuando no Sistema Cardiovascular - Utilização e Competição Genérica. Avanços na Investigação 2016,8 (2): 114

[41]Torbova S, Gocheva N, Sirakova V, Tarnovska R, Donova T, Vlahov V. Consenso sobre monoterapia e terapia combinada de pacientes com hipertensão arterial na Bulgária. Sofia 2005; Disponível: http://dl.cardiobg.com/index.php/eurukovodstva/521

[42]Maly J, Dosedel M, Kubena A, Vlcek J.Análise das opiniões, atitudes e experiências dos farmacêuticos com medicamentos genéricos e substituição de genéricos na República Checa. Acta Pol Pharm. 2013 Set-Out;70(5):923-31

[43]Colgan S, Faasse K, Martin LR, et al. Percepções de medicamentos genéricos na população em geral, médicos e farmacêuticos: uma revisão sistemática. BMJ Open 2015;5:e008915. doi:10.1136/bmjopen- 2015-008915

[44]Catic T, Avdagic L, Martinovic I. Conhecimento e atitudes de médicos e farmacêuticos em relação ao uso de medicamentos genéricos na Bósnia-Herzegovina. Med Gias (Zenica) 2017; 14(l):25-32[45] Hakonsen H, Eilertsen M, Borge H, Toverud EL. Substituição genérica: desafio adicional para a aderência em doentes hipertensos? Curr Med Res Opinião. 2009 Out; 25(10): 2515-21. doi: 10.1185/03007990903192223.

[46]Mitkova Z, Milushewa P, Zlatareva A, Manova M, Tachkov K, Petrova G. Estudo dos conhecimentos e percepção dos cardiologistas sobre medicamentos genéricos e combinação de doses fixas em cardiologia; PHARMACIA, 2015, (LXII) 4: 22-29

[47]Mitkova Z, Tachkov K, Petrova G, Manova M.Factores que influenciam a recomendação de genéricos e dosagens fixas por farmacêuticos para doentes de cardiologia African Journal of Pharmacy and Pharmacology, Novembro de 2015, 9(43): 1020-1025

[48]Petrova G., Doneva M., Mitkova Z., Tachkov K., Manova M., Genéricos e combinações de dose fixa em cardiologia: análise de satisfação de farmacêuticos e cardiologistas. Biotecnologia e Equipamento Biotecnológico, 2015 (30) 1: 204-211

Printed by Books on Demand GmbH, Norderstedt / Germany